# UNION

## FRATERNELLE & PATRIOTIQUE

# DES COMBATTANTS DE 1870-71

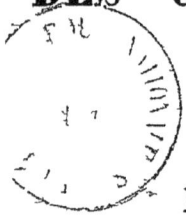

## DE TOURNON-

## ET SES ENVIRONS

❖

# LIVRET

❖

Tournon, Imprimerie de J. Parnin

1893

# UNION FRATERNELLE ET PATRIOTIQUE

# DES COMBATTANTS DE 1870-71

## DE TOURNON ET SES ENVIRONS

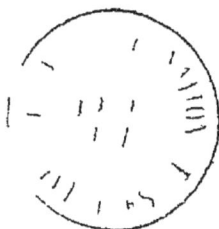

———— ⟡ ————

# STATUTS

### But et formation de la Société

#### ARTICLE 1<sup>er</sup>.

Il est formé entre tous les citoyens qui ont contribué à la défense de la Patrie, à n'importe quel titre, en 1870-1871, de Tournon et ses environs, adhérants aux présents Statuts, une Société philanthropique qui prend le nom d'*Union fraternelle et patriotique des Combattants* de 1870-1871 de Tournon et ses environs.

Son siège est établi à Tournon dans une des salles de la Mairie.

#### ART. 2.

Elle a pour but de conserver le culte des souvenirs patriotiques et de perpétuer les relations amicales entre d'anciens frères d'armes ayant participé à la défense de la patrie en 1870-1871.

A cet effet, la Société devra se réunir, en assemblée générale au moins une foi par an. le dernier dimanche de juillet, pour fixer le jour de la fête annuelle, anniversaire de la fondation de la Société.

## Composition de la Société:

### ART. 3.

La Société se compose de, savoir
> des Membres fondateurs,
> des Membres titulaires,
> et des Membres honoraires.

### ART. 4.

Les Membres fondateurs sont les combattants inscrits le jour de la fondation de la Société.

Les Membres titulaires sont les combattants qui adhérent ensuite aux statuts et s'y conforment.

Les Membres fondateurs et titulaires jouissent des memes avantages.

Les Membres honoraires sont toutes les personnes qui contribuent soit par dons manuels, soit par cotisations volontaires à la prospérite de la Société.

La Société ne recevra comme Membres actifs ou participants aucun mineurs sans l'autorisation de leurs parents ou tuteurs.

L'admission des nouveaux Membres aura lieu sur la présentation de deux Sociétaires actifs. Ces nouveaux Membres, à réception, devront justifier de leur parfaite honorabilité et fournir toutes pièces prouvant leur participation à la défense du territoire en 1870-1871, et verseront une première mise de 1 franc.

L'admission sera soumise ensuite a la Société en assemblée générale.

### ART. 5.

Tous les Membres de la Société paient une cotisation mensuelle de *vingt-cinq centimes*.

Les cotisations sont payables d'avance et sont perçues le premier samedi de chaque mois, de 8 à 9 heures du soir, dans une des salles de la Mairie.

### ART. 6.

Toutes les sommes versées par les Sociétaires qu'ils soient démissionnaires ou exclus restent acquises à la Société.

### ART. 7.

Peuvent être exclus de la Société .

Ceux qui volontairement portent préjudice à la Société soit de fait, soit verbalement.

Ceux dont la conduite est déréglée et notoirement scandaleuse au point de jeter le discrédit sur la Société ou d'en engendrer le mépris.

L'appréciation des faits appartiendra au conseil d'administration de la Société.

Seront exclus de droit ceux qui subissent une condamnation infamante.

### ART. 8.

Tout Membre qui sera en retard de *trois mois* au moins dans le versement de ses cotisations sera considéré comme démissionnaire.

**Les Cotisations serviront**

### Art. 9.

A l'achat d'un insigne pour chaque Sociétaire consistant en un ruban tricolore porte à la boutonnière.

Il est bien entendu que cet insigne ne ressemblera en rien a ceux des armées de terre et de mer, ni a ceux des armées étrangeres, ni même a ceux des medailles d'honneur compris dans la circulaire ministérielle du 12 septembre 1885.

Au payement du banquet annuel.

A l'achat d'une couronne funéraire au décès d'un Sociétaire.

Et, enfin, a venir en aide a un Sociétaire malheureux au moyens d'un secours.

Si l'etat des fonds le permets

**Administration**

### Art. 10.

La Société est administrée par un conseil composé de

> Un Président,
> Deux Vice-Présidents,
> Un Tresorier.
> Un Tresorier-Adjoint.
> Un Secrétaire
> Plus trois Conseillers.

Le Conseil est nommé pour un an par l'assemblée générale et est rééligible.

Les attributions des Membres du Conseil sont les mêmes, c'est-a-dire, ils gerent les fonds de la Société, les font fructifier et provoquent tous les ans une reunion génerale dans le but de rendre compte de leur gestion, ainsi que pour procéder a leur remplacement par voie de vote, s'il y a lieu.

La majorité nécessaire pour la nomination ou le remplacement des Membres du bureau devra comprendre le 2/3 au moins des societaires.

Toutes les fonctions sont gratuites.

### Devoirs des Societaires

#### ART. 11.

Au décès de l'un des Membres de la Société, des convocations seront faites verbalement par les chefs de section.

Chaque Sociétaire sera tenu d'assister aux obsèques et devra être porteur des insignes de la Société.

Une amende de vingt-cinq centimes sera appliquee a tout societaire qui n'assistera pas a l'enterrement d'un membre actif sans motifs légitimes et justifiés.

A moins de décision contraire de la famille, le Sociétaire défunt sera porté par ses camarades.

#### ART. 12.

Dès que la somme encaissee par le Trésorier dépassera 25 francs, le surplus sera déposé à la caisse d'épargne.

#### ART. 13.

Toute discussion politique ou religieuse sera rigoureusement défendue dans toutes les assemblées de la Société

### Art. 14

En cas de dissolution de la Société, les fonds existant en caisse à ce moment seront versés an bureau de bienfaisance de Tournon.

### Art. 15.

En cas de modification des statuts, la Société devra demander à l'autorité competente l'autorisation prévue par l'article 291 du code pénal.

### Art. 16.

Les jeux d'argent et de hasard sont formellement interdits dans toutes les réunions de la Société.

Fait et déliberé en assemblée générale, le 7 mai 1892.

*Les Membres provisoires,*

M. RIVALS.      COSTE.

Vu pour être annexé à notre arrêté de ce jour.

Privas, le 27 octobre 1892.

Pr le Préfet,
*Le Secrétaire général.*
LABARTHE-PRADAL.

## APPROBATION DE M. LE PRÉFET DE L'ARDÈCHE

### Prefecture de l'Ardèche

Nous, Préfet de l'Ardeche, chevalier de la Légion d'honneur,

Vu la demande formée par les Membres de la Société en voie de formation a Tournon, sous le titre de « Union fraternelle et patriotique des combattants de 1870-1871 de Tournon et de ses environs, » en vue d'obtenir la reconnaissance légale de cette Société,

Vu les statuts soumis à notre examen et annexés au présent arrêté.

Vu les décrets des 25 mars et 2 avril 1852,

Vu l'article 291 du code pénal,

Arrêtons.

Art 1er — La Société en voie de formation à Tournon, sous le titre de « Union fraternelle et patriotique des combattants de 1870 1871 de Tournon et de ses environs, » est autorisée à se constituer légalement à charge par les Membres qui la composent de se conformer aux statuts soumis a notre examen et annexés au présent arrêté.

Art. 2. — La présente autorisation est toujours révocable, et, en cas de modification aux statuts, l'asso-

ciation devra demander de nouveau, à l'autorité compétente, l'autorisation prescrite par l'article 291 du code pénal.

ART. 3. — Monsieur le Sous-Préfet de Tournon est chargé de l'éxecution du présent arrête.

Fait à Privas, le 27 octobre 1892.

Signé · HENRI DUCOS.

Pour expédition conforme,
*Le Secrétaire général,*
LABARTHE-PRADAL.

## COMPOSITION DU BUREAU

M. GALLIX, *Président d'honneur*

M. DARNAUD, *Président effectif.*

M. FOREL,
M. MARRON, } *Vice-Présidents.*

M. COSTE, *Trésorier.*

M. JULLIEN, *Trésorier-adjoint.*

M. PASSAT FRANÇOIS, *Secrétaire.*

M. MAISONNAT P., *Secrétaire-adjoint.*

M. FÉRIOL, *Conseillers*, porte de Mauves.

M. PALISSE,      id.      quartier St Julien.

M. BLACHON,      id.      porte de Doux.

M. SEGUIN,      id.      quartier du Centre.

## Année 18    .

| MOIS | COTISATIONS mensuelles | AMENDES | ENTERREMENTS |
|------|------------------------|---------|--------------|
| Janvier... .... | | | |
| Février........ | | | |
| Mars .......... | | | |
| Avril ......... | | | |
| Mai......... .. | | | |
| Juin.......... | | | |
| Juillet .. ... . | | | |
| Août ......... | | | |
| Septembre ..... | | | |
| Octobre . ...... | | | |
| Novembre ..... | | | |
| Décembre .... . | | | |

## Année 18 .

| MOIS | COTISATIONS mensuelles | AMENDES | ENTERREMENTS |
|------|------------------------|---------|--------------|
| Janvier ....... | | | |
| Février ..... .. | | | |
| Mars ......... | | | |
| Avril ......... | | | |
| Mai......... .. | | | |
| Juin.......... | | | |
| Juillet ........ | | | |
| Août ....... .. | | | |
| Septembre ..... | | | |
| Octobre ....... | | | |
| Novembre...... | | | |
| Décembre...... | | | |

# Année 18   .

| MOIS | COTISATIONS mensuelles | AMENDES | ENTERREMENTS |
|------|------------------------|---------|--------------|
| Janvier ........ | | | |
| Février ........ | | | |
| Mars ......... | | | |
| Avril ......... | | | |
| Mai......... .. | | | |
| Juin. ......... | | | |
| Juillet ... ... . | | | |
| Août ......... | | | |
| Septembre ..... | | | |
| Octobre ...... . | | | |
| Novembre ..... | | | |
| Decembre ...... | | | |

## Année 18 .

| MOIS | COTISATIONS mensuelles | AMENDES | ENTERREMENTS |
|---|---|---|---|
| Janvier.. . ... | | | |
| Février .... . | | | |
| Mars ......... | | | |
| Avril ........ . | | | |
| Mai...... ..... | | | |
| Juin.... ...... | | | |
| Juillet ........ | | | |
| Août ....... .. | | | |
| Septembre .... | | | |
| Octobre ....... | | | |
| Novembre...... | | | |
| Décembre. .... | | | |

## Année 18   .

| MOIS | COTISATIONS mensuelles | AMENDES | ENTERREMENTS |
|------|------------------------|---------|--------------|
| Janvier ........ | | | |
| Février ....... | | | |
| Mars ... . .. | | | |
| Avril ......... | | | |
| Mai .......... | | | |
| Juin ...... .. | | | |
| Juillet ........ | | | |
| Août ....... .. | | | |
| Septembre ..... | | | |
| Octobre.. . .. | | | |
| Novembre...... | | | |
| Décembre. ... | | | |

## Année 18 .

| MOIS | COTISATIONS mensuelles | AMENDES | ENTERREMENTS |
|---|---|---|---|
| Janvier ....... | | | |
| Fevrier ... .. | | | |
| Mars ......... | | | |
| Avril ....... . | | | |
| Mai .......... | | | |
| Juin...... .... | | | |
| Juillet ....... . | | | |
| Août ......... | | | |
| Septembre .. .. | | | |
| Octobre ..... . | | | |
| Novembre ... | | | |
| Décembre...... | | | |

# Année 18 .

| MOIS | COTISATIONS mensuelles | AMENDES | ENTERREMENTS |
|------|------------------------|---------|--------------|
| Janvier ........ | | | |
| Février ... ... | | | |
| Mars ..... ... | | | |
| Avril ......... | | | |
| Mai . ........ | | | |
| Juin. ....... .. | | | |
| Juillet . ....... | | | |
| Août ...... ... | | | |
| Septembre ..... | | | |
| Octobre.. . .. | | | |
| Novembre ..... | | | |
| Décembre .... | | | |

# ANNÉE 18 .

| MOIS | COTISATIONS mensuelles | AMENDES | ENTERREMENTS |
|---|---|---|---|
| Janvier ... .. | | | |
| Février .... .. | | | |
| Mars ...... .. | | | |
| Avril ....... . | | | |
| Mai .......... | | | |
| Juin .......... | | | |
| Juillet ....... . | | | |
| Août ......... | | | |
| Septembre .. .. | | | |
| Octobre ..... | | | |
| Novembre.... . | | | |
| Décembre. .... | | | |

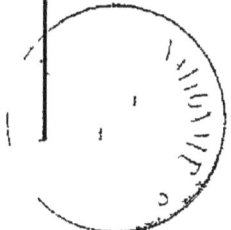

138

www.ingramcontent.com/pod-product-compliance
Lightning Source LLC
Chambersburg PA
CBHW050453210326
41520CB00019B/6189